緬甸禪坐

究竟的止觀之道

緬甸 馬哈希大師・班迪達大師・雷迪大師・韋布大師等著

U Myint Maung 編譯

目錄

中譯者序

「直觀法門」*(vipassana)* 是原始佛法的核心價值，也是緬甸佛教深具特色的禪修法門，被譽為「究竟的止觀之道」。

本書所選編的五位緬甸佛教大德，不論在緬甸境內或歐美社會，均是在「直觀法門」修持與戒律德行上享有崇高聲譽的南傳佛教僧人。

雷迪大師 *(Ledi Sayadaw)*，是以豐富的巴利三藏註疏為基礎，簡擇出適合當代修行人的「直觀法門」，並以「受念住」為具體觀照的對象。目前這套修行方法，已是緬甸居士佛教的主要理論根據，經由他的再傳弟子韋布大師、烏巴慶尊者，以及印裔緬人葛印卡尊者等人的推廣，已成為國際社會普遍接受的禪修活動。

而馬哈希大師 *(Mahasi Sayadaw)*，則從《大念住經》的修證與再詮釋中，發展出以觀照「腹部起伏」為對象的「直觀法門」。由於這項修持方法，別出新裁，又帶有濃厚的「剎那頓悟」風格，與南傳佛教僧人依循覺音尊者〈清淨道論〉的戒定慧次第修學傳承，大相逕庭，曾經引發一場包括西藏「道次第」、緬甸「直觀法門」在內的義理之諍。

由於雷迪大師、馬哈希大師及其弟子，具有深厚的巴利三藏學養、豐富的禪坐教授經驗與嚴格的戒律德行，再加上緬甸民主共和政府、軍政府乃至民主運動領袖的護持，截至目前為止，雷迪大師系統與馬哈希大師系統，依舊是緬甸佛教，甚至是南傳佛教的顯學思想。

「直觀」*(vipassana)*，巴利文原義為「分別智」*(vi-passana)*，或譯為「內觀」、「內明」、「毗婆舍那」等，本書譯為「直觀」，是兼採義理上的「分別智」與實修上的「直接觀照對象」雙重涵義；而「直觀」一詞的使用規則也接近歐陸觀念論哲學家常用的概念，含攝「智之直覺」直證「物自身實相」的涵義。為免疑慮或不解，特此說明，容或有不當，尚祈識者諒之，是為譯序。

二〇一五年秋　*U Myint Maung*

序曲

噶拉瑪經 *(Kalama Sutta)*

噶拉瑪村民，
你們不要盲目相信傳聞，
不要盲目追隨別人，
停止猜想，
不要依靠傳統，
揚棄推理，
拒絕方法，
不要依靠審慎的思慮，

不要容忍邪見，
不要迷信聲譽，
擺脫上師。
噶拉瑪村民，祇要你們自己警醒到：
《這是（貪瞋癡）的惡法，
這是有罪的法，
這是智者所非難的法，
受持這法就會帶來毀滅性的痛苦！》
那麼，噶拉瑪村民，你們就可以斷滅解脫了。

《南傳巴利藏。增支部第一冊。大品。第六五經》

修習直觀法門要義

緬甸　馬哈希大師

【譯者按】：

緬甸馬哈希大師（Mahasi Sayadaw 一九〇四～一九八二），上緬甸雪布人，他在二十歲的時候受具足戒，並專研《大念住經》有所成就。一九四九年，應緬甸總理烏努的邀請在首都仰光成立「馬哈希禪修道場」。之後，馬哈希大師獨特的禪修法門遍及緬甸境內及東南亞各國。

一九五四年巴利大藏經「第六次結集」在緬甸舉行時，擔任最後審訂的工作。他曾經獲得緬甸政府封贈「最高大哲士」的榮銜，是二十世紀南傳佛教最具影響力的修行人之一。

修習直觀法門要義

修習直觀法門，就是修行人正確瞭解自己身體所發生的心理、物理現象的一種努力。物理現象是指清晰地覺知到修行週遭生起的事物或對象，修行人清晰覺知整個身體，是由一群物質性的事物所組合的（色）。心理現象是指意識或覺知的行爲（名）。不論這些現象（色、名）是被看見、聽到、聞到、嚐到、接觸或想到，都會清晰地加以覺知。我們必須親自觀察，並且如此觀照：《看、看》，《聽、聽》，《聞、聞》，《嚐、嚐》，《觸、觸》或《想、想》。

當修行人看、聽、聞、嚐、觸或想的時候，就應該進行觀照。

不過，在修習的初期，是無力全面觀照每一個生起的對象。因此，一位修行人應該從明確的、容易覺知的事物，開始去觀照。

伴隨著每一次的呼吸動作，腹部都會上下起伏，腹部的律動是非常明顯的，這是眾所皆知「風界」的物質性事物。一位修行人先觀照腹部的這種律動，如此一來就可以制心一處。吸入的時候，你會發現腹部的上昇，呼出的時候，腹部會下降。上昇，內心就應該觀照：《上昇》，下降，就觀照：《下降》。如果只用心去觀照，這種腹部的律動還是不夠明顯，可以用手掌按住腹部。切勿改變你呼吸的方式。不要放慢或者加速，也不要過度嚴肅地呼吸。如果改變呼吸的方法，你會感到疲憊。以平常心去呼吸，如實地觀照腹部的上昇與下降。用心去觀照，切勿言語。

在直觀的禪修過程中，用什麼名字或說什麼話都無所謂，眞正的要訣是知悉或覺察。觀照腹部上昇的時候，就像用眼睛去看一樣，從腹部的律動開始直到結束爲止。觀照腹部下降的律動，也是一樣的。以這種方式觀照腹部上昇的律動，你的覺知與腹部的律動本身是同步發生的。宛如石頭擊中目標一樣，腹部的律動與內心的覺知應該是以相同的方式配合。觀照腹部下降的律動，也是一樣的。

觀照腹部律動的時候，你的心可能飄浮到其他的事物上，這就必須在內心上觀照：《飄浮、飄浮》。這樣子觀照一、兩次，心靈就會停止飄浮，如此的話，你就會返回觀照腹部的上昇與下降。如果心靈停留在某處，就觀照：《停留、停留》，然後，返回腹部上昇與下降的律動。如果你想像與某人會晤，就觀照：《會晤、會晤》；然後，返回腹部上昇與下降的律動。如果你想像與某人會晤、談話，就觀照：《談話、談話》。

簡而言之，不論生起任何的思想或意見，都應該加以觀照。如果想像，你就觀照：《想像》。如果思想，你就觀照：《思想》。如果計劃，你就觀照：《計劃》。如果覺知，你就觀照：《覺知》。如果反省，你就觀照：《反省》。如果感到快樂，你就觀照：《快樂》。如果感到煩悶，你就觀照：《煩悶》。如果感到欣喜，你就觀照：《欣喜》。如果感到沮喪，你就觀照：《沮喪》。觀照意識的這些活動，稱爲「隨心念住」(*cittanupassana*)。

要是我們沒有觀照到意識的這些活動，就會把這些活動統合爲單一的人。我們會認爲，這是「我」在想像、思想、計劃、覺知。

我們認爲有一個人從幼兒開始，就已經存在了，已經在思惟了。事實上，這個人根本不存在。相反的，只有一連串接續而來的意識活動。這是爲什麼我們必須觀照意識的這些活動，並且洞悉其本質。這也是爲什麼我們必須觀照任何一個意識生起的活動。一旦如此去觀照，這些意識活動就會消失，然後，我們又回來觀照腹部上昇、下降的律動。

禪坐一段時間之後，僵硬與麻熱的感受會在你的身體中生起！必須謹慎地觀照這些感受，痛苦與疲憊的感受，也一樣需要觀照。所有的這些感受，就是「苦受」(*dukkhavedana*)，觀照它們，就是「隨受念住」(*vedananupassana*)。輕忽這些感受的話，你就想：「我僵硬了，我感到麻熱了，我處在痛苦當中。剛才，我還好端端的；現在，面對這些不悅的感受，我非常不舒服。」將這些感受與自我等同起來是錯誤的。這其間，實在沒有「我」，只有一陣陣新而不舒服的感受而已。就像一道持續不斷的新電源，會點亮電燈。每當不舒服的觸受在身體激發起來，不舒服的感受就會接續生起。不論這些感受是僵硬、麻熱或痛苦，都必須謹慎、專心地觀照。在禪修初期，修行人的這些感受會持續增加，因而引起改變姿勢的欲望。修行人應該觀照這種欲望，然後，返回來觀照僵硬、麻熱等感受。

誠如諺語所言；「忍耐是通往涅槃的道路。」這句話在禪修中最具關鍵性。修行人在禪修的過程中必須忍耐，如果不能承受生起的僵硬或麻熱的感受，因而頻繁移動或改變姿態；如此一來，就沒有辦法開發禪定，也無法具足直觀，因而無法證入「道」（通往涅槃）、

「果」（道上的果實）以及「涅槃」。這是爲什麼在禪修中需要忍耐。

當身體生起不舒適感受，例如僵硬、痲熱、痛苦乃至其他難以承受的感受，都需要忍耐。禪修中出現這種感受，修行人不應該立即投降而改變禪坐的姿勢，應該要堅忍下去，如實地觀照：《僵硬、僵硬》或《痲熱、痲熱》。要是修行人堅忍地觀照下去，這些普通的感受就會消失！一旦專注的力量妥適、穩健，縱使是強烈的感受也會消失。那麼，就返回來觀照腹部上昇、下降的律動。如果經過長時間的觀照之後，這些感受還是沒有消失，甚至變得難以忍受，修行人當然可以改變他的姿勢。不過，應該先觀照：《想要改變、想要改變》。如果手臂舉起，就觀照：《舉起、舉起》。如果移動，就觀照：《移動、移動》。改變姿勢的過程應該祥和地進行，如實觀照：《舉起、舉起》，《移動、移動》以及《接觸、接觸》。

如果身體搖晃，就觀照：《搖晃、搖晃》。如果腳抬起來，就觀照：《抬起、抬起》。如果腳推進，就觀照：《推進、推進》。如果腳放下，就觀照：《放下、放下》。如果沒有改變姿勢，只是靜靜地休息，就返回來觀照腹部上昇與下降的律動。這中間，不能有任何的中斷，祇有上一次的觀照行爲與下一次的觀照行爲、上次禪定與下次禪定、上一次的認知行爲與下一次的認知行爲之間的接續過程。只有這樣，修行人才會達成接續不斷、超越的圓熟境界。在這種會聚的當刻，才能證得「道」與「果」（道及其果實的知識）。禪修的過程，像極了運用兩塊木片取火，必須努力不歇地摩擦，才會達到起火的熱度。

同樣的，直觀禪修中的觀照活動，應該持續下去，不要間斷，不論出現任何現象，都不要干擾到觀照的活動。例如，如果發癢的感受介入了，修行人想要搔癢，因爲發癢實在難以忍受，發癢的感受與搔癢的欲望應該同時觀照，不要因爲發癢的感受而放棄對搔癢動作進行直接的觀照。

如果修行人堅忍地觀照，一般而言，癢的感受會消失，因而又返回來觀照腹部上昇與下降的律動。如果癢還是沒有消失，當然我必須用抓癢來消除。不過，首先觀照想要抓癢的欲望。一切抓癢動作過程應該加以觀照，特別是觸、拉、壓與抓的動作，最後又返回來觀照腹部上昇與下降的律動。

每一次你改變姿勢的時候，就從想要改變的意圖或欲望開始去觀照，細密地觀照每一個動作，例如從坐姿站起來，舉起手臂，移動，抓癢。你應該在改變姿勢的同時，也觀照其間的律動。如果身體向前移動，就加以觀照。如果你站起來，身體會變得輕盈，而且站起來了。集中心念在這裡，你應該祥和地觀照：《起來、起來》。

修行人的動作就像一位虛弱的病人。身體健康的人可以很輕易地站起來，反應敏捷，不像殘弱的病人動作緩慢、祥和。背部疼痛的人也有同樣的情形，他要祥和地站起來，唯恐傷到背部而產生痛苦。

禪修中的修行人也是如此。他們必須逐漸地、祥和地改變姿勢，那麼，正念、禪定與直觀才會發展良好。因此，從祥和有序的動作開始。站起來的時候，修行人必須像殘弱的人一樣，動作祥和，同時觀照：《起來、起來》。不僅僅是這樣，即使眼睛在看，修行人也必須像盲人一樣地行動。即使耳朵在聽，也是一樣。在禪修的時候，修行人所關切的，只是觀照，看見什麼，聽見什麼，不是他關切的事物。所以，不論看見或者聽見什麼奇特或驚訝的事物，他都視若無睹，聽而不聞，只需要謹言慎行，小心觀照。

當移動身體的時候，修行人要像虛弱的病人一樣平緩地移動、伸展手腳擺動頭部，並抬起頭來。所有這些動作要祥和地進行。當修行人從坐姿站起來，他要緩慢地進行，並觀照：《起來、起來》。當調整妥當，站起來的時候，就觀照：《站立、站立》。環顧四方的時候，就觀照：《注視、注視》。不論是左腳還是右腳，走路的時候，就觀照腳步，從舉足到落地，你必須覺察到這一連續性的動作。不論是右腳還是左腳，要觀照每一個步伐。

一旦快步行走的時候，就是用這種方式觀照。一旦要快步走路並且要走上一段路程的時候，你這樣觀照就夠了。一旦慢步走或者經行(*cankama*)的時候，每踏出一步都必須觀照三個步驟：腳抬起的時候、向前推動的時候、腳踩下去的時候。由觀照：《腳抬起來》、《腳踩下去》開始。一位修行人必須確實地覺察到《腳抬起來》，同樣的，當《腳踩下去》的時候，一位修行人要覺察到腳踩下去的《重量》。

走路的時候，修行人必須觀照：《腳抬起來》、《腳踩下去》，這樣子經過兩天的時間，觀照起來會變得容易一些；然後，接著觀照上面所描述的三個動作：《抬起》、《向前推動》、《踩下》。開始的時候，只要觀照一個或兩個動作就夠了，所以，走快的時候，就觀照：《右腳》、《左腳》，走慢的時候，就觀照：《抬起》、

《踩下》。要是這樣經行，你想要坐下來，就觀照：《坐下》、《坐下》。一旦眞的坐下來，就專心觀照你身體下降時的《重量》。

當你已經坐好了，就觀照安放手、腳的動作。一旦沒有這些動作了，而只是一種身體的靜止狀態，就觀照腹部的《上升》與《下降》。這樣觀照的時候，如果身體僵硬了，身體的任何一個部位生起赤熱的感受，就去觀照它們。然後，又回來觀照腹部的《上升》與《下降》。這樣觀照的時候，如果想要躺下的欲望生起了，就觀照這個欲望，以及躺下的過程中手與腳的動作。舉起手臂、移動手臂、手肘放在地板上，搖動身體、伸展腳踝，如此祥和地安置身體，準備躺下，這些動作都要加以觀照。

如此觀照你躺下的動作是非常重要的。在躺臥的一連串動作中，你可以證得一種清楚明顯的知識（也就是「道果智」*magga-nana* 與 *phala-nana*）。當禪定與直觀非常強烈的時候，這種清楚明顯的知識隨時會出現。

在第一次結集佛典會議的前夕，阿難尊者正徹夜努力精進來證得阿羅漢。整個晚上，他都在修習所謂的「身念住」，觀照他的步伐，右腳、左腳，足踝的抬起、推進、踩下，重覆觀照內心想要經行的欲望以及經行過程的所有身體活動。雖然幾近於黎明破曉時分，他還是沒有證得阿羅漢果道。

由於體會到他在經行的禪修上過度用功了，爲了平衡一下禪定與精進，他要在臥姿中禪修片刻，於是他走進禪房，坐在床上，然後躺臥下來。就在躺下來的時候，他觀照：《躺下》、《躺下》，在這一瞬間，他證得了阿羅漢果道。在這樣的躺臥過程之前，阿難尊者只是一位預流果聖人（只是通往涅槃之路的初學者或者游泳者）。從預流果聖道開始，他持續禪修並且證入斯陀含果聖道（再往返一次或者證得第二階段聖道的學人）、阿那含果聖道（不再來的境界或者證得第三階段聖道的學人）以及阿羅漢果聖道（已經達到聖果道位的聖人條件）。要證人這三種前後相續的高層聖果道，就在一剎那間。只要想一想阿難尊者證得阿羅漢果聖道的例子，就會知道這種證悟可以隨時出現，不需要很長的時間。

這就是為什麼修行人要時時刻刻努力觀照的原因。他不應該在觀照的時候有所鬆懈，並且認為：「退一小步沒有關係！」躺臥、安放手腳的一切動作，要小心謹慎、永不間斷地觀照。如果動作停止了，只有靜坐中的身體，就回來觀照腹部的上升與下降。即使時間很晚了，是睡覺的時候了，一位修行人不要馬上去睡覺，放下他的觀照活動。一位實實在在、嚴格又有活力的修行人，就好像要放棄睡眠一樣，要專心一致地禪修。直到入睡之前，他還是要繼續禪修。如果禪修狀況良好，而且可以自在地支配，就不要睡覺。相反的，如果充滿睡意，就要去睡覺了。當他感受到睡意的時候，要觀照：《睡覺》、《睡覺》。如果眼皮下垂了，就觀照：《下垂》，如果眼皮變得笨重了，就觀照：《笨重》，如果眼睛疼痛了，就觀照：《疼痛》。這樣觀照下去，睡意就會消除了，眼睛會再度《明亮》，炯炯有神。

然後，這位修行人應該去觀照：《明亮、明亮》，並且繼續去觀照腹部的上昇與下降律動。不過，這位修行人可能會堅忍地進行禪修，要是睡意眞的進來干擾，他就會睡著了。入睡並不是一件很困難的事，事實上，這是很容易的。如果你在躺臥的姿勢中禪修，你會逐漸地昏沉，最後入睡了。這也是爲什麼來禪修的初學者不要在躺臥的姿勢中禪修，他應該多在身體的禪坐與經行上下工夫。不過，一旦到了睡覺的時間，他就要在躺臥的姿勢中禪修，觀照腹部的上昇與下降律動，那麼，他將會自然而然的（自動的）入睡了。

睡眠的時間，對修行人而言，是休息的時刻。不過，對眞正嚴肅的修行人，他會將睡眠時間限制到只有四個小時。這是佛陀所准許的「中夜」時間。四個小時的睡眠就相當夠了，如果禪修的初學者認爲，四小時的睡眠對健康還是不夠，他可以延長到五小時或六小時。六小時的睡眠時間，對健康就很足夠了。

當修行人醒來的時候，他應該立即重新開始觀照。一位實實在在專注於證得道果智的修行人，只有在睡眠休息的時候，才會中止禪修精進。其餘的時間，是精進的時刻，他應該持續地觀照，沒有休息。這是爲什麼，當他醒來的時刻，就應該觀照醒來的狀態：《醒來、醒來》。如果他還不能讓自己覺察到這點，他應該開始去觀照腹部的上昇與下降。如果他想從床上起來，就應該觀照：《想要起來、想要起來》。然後，他要繼續去觀照安頓手腳的變化動作。當他抬頭站起來，就觀照：《坐、坐》。如果他進行任何的變化動作，諸如安頓手腳，所有這些動作都應該加以觀照。如果沒有這些改變，只是靜靜的坐著，他就應該回到腹部的上昇與下降的律動。

當他洗臉沐浴的時候，也應該加以觀照。由於這些行爲的動作比較迅速，就要儘可能觀照。然後，諸如穿衣、整理床鋪、開門、關門等動作，也必須儘可能加以細密的觀照。

一位修行人用餐的時候，注視著餐盤他就應該觀照：《注視、注視》。當他伸手抓取食物，加以揉整，送進嘴巴。低頭放進一口食物，然後把手放下，在抬起頭來，這些動作應該適當的觀照。（這種觀照的方法是配合緬甸的用餐規矩，使用刀叉、竹筷的人就應該用合適的方法加以觀照。）

咀嚼食物的時候，他應該觀照：《咀嚼、咀嚼》。當他知道了食物的滋味，他就應該觀照：《知道、知道》。當他品嚐食物，吞下去，讓食物滑入喉嚨的時候，他應該觀照這一連串的事件。這是一位修行人如何去觀照一口一口用餐的動作。當他喝湯的時候，諸如伸手、拿湯匙、取湯等，這一切的動作都必須加以觀照。因爲這其中有太多的事情需要觀照與注意，所以在用餐的時候進行觀照是相當困難的。初學的修行人大多會忽略掉許多應該觀照的事物，不過，他還是要有決心進行一次全面的觀照。如果他忽略了一些動作，就無所助益了，不過一旦他的定力增強了，就會有能力詳密地觀照一切的動作。

好了，我已經提示了這麼多修行人應該觀照的事物。不過，簡要說來，只有少數的事物需要去觀照。快速走路的時候，要觀照：《右腳》、《左腳》，緩步經行的時候，要觀照：《舉起》、《放下》。安靜禪坐的時候，只要觀照腹部的上昇與下降的律動。當你躺下的時候，如果沒有特別需要觀照的對象，就一樣觀照腹部的上昇與下降的律動。觀照的時候，如果心靈飄蕩了，要觀照生起的意識行為，然後回到腹部的上昇與下降的律動。當僵硬、痛苦、渴望與養的感受生起的時候，也要如是觀照，然後回到腹部的上昇與下降的律動。當四肢的彎曲、伸展、移動，頭部的彎曲與抬起，身體的搖晃、挺直生起的時候，也要如是觀照，然後回到腹部的上昇與下降的律動。

當一位修行人如此持續觀照，他就會觀照到愈來愈多的事物。一開始的時候，他的心會四處飄蕩，因而漏掉許多事物，不過，他不應該感到沮喪。每一位開始禪修的人都會遇到相同的困境。一旦，他的禪修愈加精練，就可以察覺到心靈飄蕩的每一個動作，一直到最後，心靈不再四處飄蕩爲止。然後，心靈會固著在所專注的對象上，正念的行爲幾乎會與所專注的對象同時發生，就像腹部的上昇與下降的律動一樣。（換言之，腹部的上昇與觀照的行為是同時生起的，腹部下降的律動也是一樣。）

專注的物質對象與觀照的心理行爲，就像成雙成對的事物同時生起。在這種同時生起的過程中，沒有人或個人，只有成雙成對的專注物質對象與觀照的心理行爲。修行人會即時體會到這種同時生起的狀態。當觀照腹部的上昇與下降的律動，他會區分出腹部的上昇是一種物質現象，觀照的心理行爲則是一種心理的現象；觀照腹部下降的律動也是一樣的。因此，修行人會明確地了解到這種同時生起的狀態，就像成雙成對的身心現象一樣。

因此，在每一個觀照的行爲中，修行人自己將會清楚地知道，只有這種物質性的性質是覺察的對象，而心理的事物則是去觀照。這種分析明判的知識，稱爲「名色分別智」(*namarupa-paricchda-nana*)，這是直觀之智的初階。正確證入這種知識是很重要的。當修行人持續觀照下去，他就會成功地區分出因及果，這種知識稱爲「緣攝受智」*(paccaya-pariggaha-nana)*。

修行人要是繼續觀照下去，他自己會看到，任何生起的事物在刹那之間就會消失。一般人會認爲這種身心現象會持續一輩子，從年輕一直到老年。事實上並非如此。沒有任何的現象會長久持續下去的。一切的現象會生起，又會在一瞬間迅速消失。如果他持續觀照下去，就會親身體會這點。然後，他會確實相信一切的現象都是無常短暫的，這種確信，稱爲「隨無常觀智」*(aniccanupassana-nana)*。一旦體會到一切無常就是苦，就具足了「隨苦觀智」*(dukkhanupassana-nana)*。修行人也會遇到身體的苦痛，而身體只是苦的聚合而已。這也就是「隨苦觀智」。其次，修行人會確認到，所有身心現象會自動生起，不會依隨任何人的意志，也不順從任何人的控制。沒有所謂的個人或自我個體，這種體會就是「隨無我觀智」(*anattanupassana-nana*)。

當他繼續禪修下去，這位修行人會堅定地體會到一切現象都是無常、苦與無我，他將會證入涅槃。所有往昔的佛陀、阿羅漢與聖者都追隨這條殊勝的道路而證入涅槃。所有禪修中的修行人應該體認到，他們現在就在四念住的道路上，並按照他們的波羅蜜（德行的圓滿）而圓滿證得「道智」(*magga-nana*)、「果智」(*phala-nana*)、以及「涅槃法」(*Nibbana-dhamma*)。他們應該爲此感到喜樂，並經驗到佛陀、阿羅漢、聖者所經驗到的神聖境界——禪定（由於專注而來的清澈境界）、智（出世間的智慧），這是他們從未經驗過的。

要親身體會由佛陀、阿羅漢、聖者所證得的「道智」、「果智」、以及「涅槃法」，並不需要很長久的時間。事實上，有些修行人在經歷一個月、二十天或十五天的禪修中，就可以證得這種種的境界。那些波羅蜜相當特殊的修行人可以在七天的禪修中就證得這些「法」。所以，一位修行人應該滿懷信心，相信他可以在特定的時間內證得這些「法」(*dhammas*)，並且從「身見」(*sakkaya-ditthi*)與「疑見」(*vicikiccha*)中解脫出來，從墮入地獄的危機中拯救出來，他應該滿懷信心地繼續禪修下去。願諸位都能夠順利禪修，並迅速證入佛陀、阿羅漢、聖者所經驗到的涅槃境界。

善哉！善哉！善哉！

直觀的歷程

緬甸 班迪達大師

【譯者按】：

班迪達大師（Sayadaw U Pandita 一九二一～二〇一六），生於緬甸仰光市近郊，為緬甸當代僧人中，頗富國際聲望的禪修大德。他在二十九歲的時候，首度接受馬哈希大師（Sayadaw Mahasi）的直觀禪修訓練，此後，便長期依止馬哈希，並擔任馬哈希座下的親教師，負責指導國內外的修行人，從事密集的禪修訓練。

一九八二年，馬哈希過世，他被推選為「馬哈希禪修道場」院長，一九九〇年，離開馬哈希道場，另行在仰光市巴罕區，創立「清淨智禪修道場」，隨即又在庇古森林設立森林分院。此道場風格，延續了馬哈希的精神，採用全年無休的密集禪修活動。班迪達大師的英文作品中，以《就在今生》、《自由解脫的道路》最為著名。

本文係譯自《就在今生》附錄之三，為該書的濃縮，言簡意賅，可視為班迪達大師修行體驗的結晶。

直觀的歷程

在合格老師的引導下修持直觀法門，修行人會覺知到異於日常生活意識的眞理。這些在修行中生起的直觀，與個人的狀態或智力程度沒有關係，而是經由適切的修行，按特別的次序生起，並伴隨著心靈的禪定與淨化而成功地深化。以下所列舉的直觀歷程，只是要提出警告：如果你已經踏上修行的道路，就不要去思索這些歷程，即使對非常有經驗的修行人，都很難評斷自己的修行狀況。只有經過密集的訓練之後，一位老師才能從其他修行人的口頭報告中，認識到直觀開展的特殊、微妙的徵兆。

對於心與物的直觀

覺知到觀察中的心（意識）與物（意識的對象）兩者之間的區別。徹見到一個人的經驗全部是由心與物所構成。這種直觀能夠暫時將「自我是獨立於心與物之外」的錯誤觀念移開。只要正念持續下去，對於「法」的質疑就會停止。

對於因與果的直觀

直接去攝受心與物的因果關係。

舉例而言，一旦意念生起，一連串生理的知覺也會生起，修行人會刹那之間直觀到彼此的因果關係。或者，痛苦的知覺出現了，就會想要移動身體。

徹見到只有心與物存在，而且心與物就是促成彼此存在的因素，這種直觀可以摒除「外力對我們的經驗是可以產生影響力」的錯誤觀念。徹見到只有一連串的因與果，這種直觀可以摒除「事件是偶然、無因果」的錯誤觀念。

對於無常、苦、無我的直觀

「無常隨觀智」*(Aniccanupassanana)*：從意識對象不可避免的毀壞中，徹見無常。摒除「常見」的錯誤觀點，減輕傲與慢。

「苦隨觀智」*(Dukkhanupassanana)*：觀察對象（尤其是痛苦的知覺）的解體，修行人就可以理解到無常的不舒適與壓迫，並且證知到對象之內，沒有避難所，無常是可怕的，不可欲的。摒棄「持續性的舒適感可以在無常中達成」的錯誤觀念。

「無我隨觀智」(*Anattanupassana-nana*)：接著，在對象的無常與苦中，徹見不可執著，並摒除「自我或其他媒介可以制止對象的消逝」的幻想，又清除「內在本質在自我、心、物中呈現」的錯誤觀念。

上述三種直觀是屬於第一階段的「直觀禪定」(*vipassana jhana*)，並且是針對無常、苦、無我的普遍性反省而來的。當對象呈現三法印，修行人就會反省到，並沒有所謂的時間，也從來沒有時間存在。

「思惟智」(*Sammasananana*)：經由綜合觀察可以證知到：無常、苦、無我的三法印是清晰地一起觀察到的。修行人會確信「法」是眞實的，正如以前所聽到的一樣。

這種思惟智的直觀與前面的「無常隨觀智」、「苦隨觀智」、「無我隨觀智」，就是第一階段「直觀禪定」的全面開展，並且是正見直觀的誕生，舉凡觀察任何對象，都能在無常、苦、無我的三種角度下，加以證知。

對於生起與消逝的直觀

心靈清晰地徹見任何對象剎那之間的生起與消逝，也就是證知任何心物現象快速的出現與終結。

這種直觀是屬於第二階段的「直觀禪定」，在這個階段，概念的思想弱化了，極端強烈的狂喜與舒適感生起了。由於正念的一些層次還沒有開展，而會執取這些快樂的經驗（直觀的染著）。在這個階段，修行人信仰堅定，弘法的願力深厚，並且可能相信他們已經開悟了。

對於道與非道的直觀

由於修行人有勇氣正視他們所經驗的信心與狂喜，因而對於這些經驗的執著逐漸淡化，修行人確定，簡簡單單的覺知，遠比狂喜境界，更是眞實的實踐道路。從這個角度來看，他們信心堅固，往前超越。

直觀的歷程中，第三階段的「直觀禪定」居於優勢，其關鍵因素是快樂或舒適感，而且，平衡是一切「直觀禪定」的基礎，此時明顯地呈現出來。修行人現在可以長時間禪坐，不會產生痛苦的感覺。

對於分解的直觀

心靈不再集中在任何對象的生起與中間過程，而是專注在對象消逝的階段。因此，覺知只專注在一切事物止息的分解上，而不會去注意其餘的事物。身體的概念形象會變得非常不明確。

一旦對於分解的直觀圓熟了，一種中道的感覺會在身體與心靈中，發生決定性的影響，這種中道的感覺，並不是舒適感，也非不舒適感。修行人的內心能夠，清澈地觀察一切現象的分解。這種直觀是第四階段「直觀禪定」的開端。快樂與舒適的情境消失了，捨離主導一切。在任何一次直觀或直接覺察的剎那，不再生起概念性的思想。

對於畏怖的直觀

徹見一切現象的畏怖性質。

對於厭惡的直觀

由於一切現象都會敗壞、崩潰，修行人徹見了一切現象的可厭性質。

對於希求解脫的直觀

生起持續修行的深沉動力，前進至一切痛苦經驗止息的地方。

對於一切對象平衡的直觀

中道平衡感確立了，這是由於內心被快樂或不快樂淆亂之前，正念非常靈敏，迅速將這些對象提起來觀照，這是一種不會產生反擊的祥和、穩定的感覺。在這種直觀的過程中，修行人經驗到平和的內心狀態，類似阿羅漢的境界，或者是已經完美淨化、開悟的眾生。從這種平穩的狀態中，心靈有能力契入涅槃的平和寂靜境界。

對於涅槃、平和之樂的直觀

身心現象已經止息了。道與果的意識；涅槃；審察的意識。這種經驗通常被認爲是「開悟」，而且是一種不可能倒退的轉變。依佛陀之言，共有四種層次的開悟階段。每個開悟階段，都是循序達成，並依照上述的直觀系列，達到極致而契入。

第一階段是「預流果道」，這種道之意識已經根除了自我、疑及固守錯誤修行的邪見。再者，根除了導致修行人墮入地獄道或畜生道的煩惱，其餘的煩惱也已經弱化了。「預流果道」的聖人，仍會輪迴七次於不同的存在境界。不過，墮入低層境界的道路，已經由第一階段的道之意識封閉了，這七次輪迴只會在人界或其他更高的存在境界中受生。

果的意識，就好像將水撒在營隊生火的灰燼上，惱熱被根除而冷卻土地。

審察的意識審視了道與果的意識，涅槃爲意識的對象，一併眺望了前頭的道路。修行人證知到這點，他的淨化工作才算開始，這是因爲還存在許多令人痛苦的煩惱。

進一步的開悟境界

「一來果道」、「不還果道」、「阿羅漢果道」。直觀的開發分別導致三種道與果的意識。

「預流果道」的聖人只有局部的開悟。其餘的三種淨化境界，尚有待努力，愈是契入涅槃的寂靜境界中，愈享有快樂與豐盛。擁有純粹的內心喜樂是每一個人天生眞切的權利。每一位修行者應該力求進入阿羅漢境界，完美的寂靜，並且根絕一切內在的痛苦。

證入「無我」的利益・業力五問

緬甸 雷迪大師

【譯者按】：

雷迪大師（一八四六－一九二三），是緬甸當代僧人中，德行、學養兼具的修行人，他的著作等身，多達七十六冊，其中十六冊是用巴利文撰寫，其餘為緬甸文。他也是二十世紀初期，獲得國際佛教團體肯定的南傳僧人，英國巴利聖典協會（PTS）出版他的作品《哲學關係》，法國巴黎佛教團體也派人專訪，足見他修行魅力之所在。

一九一一年，印度政府更特贈「首席大智者」的頭銜，聲譽益隆。雷迪大師力主推動四念處直觀法門，尤其是以「受念住」為入手，他並自巴利三藏中鋪陳了完整的體系，對緬甸佛教的發展，可說是既深且遠。

證入「無我」的利益

現在，我要揭示證入「無我」所生起的利益。

如果一位修行人能夠清澈地覺知到「無我」的特徵，他就達到了「預流果」的境界，因而完整地斷除「我見」或「身見」。（英譯者按：在西方文化，就是「自我認同」。）

證入「無我」與過去的業

在無止盡、漫長的輪迴中流轉的眾生，能夠遇見佛教是非常難得的，在百千萬劫中，他們總是遇不到佛教，也沒有機會聆聽佛陀的教誨。無數世與劫數中，眾生總是受到先前的惡業與錯誤所折磨。因此，在眾生的作意思惟中，這些無數的業總是讓他們墮入無間地獄。同樣地，這些無止盡的業也會讓他們墮入等活地獄以及其他的地獄，或者以餓鬼、阿修羅、畜生等等方式再生。

「我見」是舊惡業之首，因此，持續地依附在眾生上。只要「身見」存在，這些舊惡業就會非常猛烈，充滿力量。雖然眾生可以像在六天界的天神或帝釋天盡情享樂，終究還是會落入四苦界。同樣地，眾生雖然可以在色梵天、無色梵天盡情享樂，他們終究還是會落入四苦界。

棕櫚樹上的果子，雖然是長在樹巔上，果子終究會掉落地面。只要棕櫚樹幹依然挺立，果子就會掛在樹上，不過，一旦這些樹幹萎靡了，果子無可避免地掉落地面。同樣地，只要天神、梵天的生命「樹幹」，依舊完整無缺，天神、梵天就有機會生於天界與梵天界，而受到「我見」的折磨。這些生命「樹幹」一旦切斷了，他們必定淪入低層的苦界，就像果子掉落地面一樣。因爲「身見」是恆常地出現在眾生的作意思惟中，「身見」所帶來的苦惱，遠比摩奴大山還要巨大，因爲「身見」在其內在意識中，聚合了無窮的惡業。

因此，眾生即使生活在最高的梵天界當中，只要作意思惟的「身見」依舊存在，就會持續地淪入苦界。而生活於低層的梵天界或天神界，乃至於人類的眾生，情況就更糟了，勿庸多說了。雖然這些眾生可能是梵天王、天神王或帝釋天王，他們的作意思惟，就含藏了八層地獄。同樣地，他們的作意思惟，也含藏了無數的低層地獄、餓鬼道、阿修羅道與畜生道。因爲這些眾生沒有體會到，淪入這些低層與貪吝世界的傾向是恆常地呈現在他們的作意思惟當中，而梵天王以及天神王仍然在這些境界中追逐快樂。

當舊惡業之首的「身見」，完全滅盡了，伴隨眾生而無止盡輪迴的一切舊惡業，就會徹底熄滅。

不用說從前世伴隨而來的舊惡業，只要是今生所作的無數惡業，諸如殺生、偷盜的業，他們的果報只有「身見」完全熄滅才會徹底消失。對於這類眾生而言，雖然會害怕蝨子、昆虫的迫害，但是，已經不需畏懼過無盡惡業的果報。

這些作意思惟的眾生，一旦完全從「身見」中解脫出來，即使他們還是人類，卻已轉向天神界以及梵天界了。雖然他們還在低層的天神界以及梵天天界，從那時起，就會轉生較高級的天神界以及梵天界。就好像雨季末期，蒸氣會不斷從山林中浮昇起來。

由於斷除「身見」所生起的利益，與過去的業果有關連，這正顯示了斷除「身見」的重要性。

證入「無我」與未來的業

人類、天神與梵天，有「身見」在他們的作意思惟中，今天可能是善良的、有德行的眾生，但是，可能在明天、後天、下個月、明年或來生，犯無止盡的惡行，諸如弒母、弒父、殺阿羅漢的重大殺業，或者偷盜的業。今天他們可能生活在佛教中，但是，明天或次日，他們可能逾越了佛教，甚至變成破壞佛教的人。

人類、天神以及梵天，雖然可能依舊在來世中流轉輪迴，可是一旦覺知到「無我」，並完全從他們的作意思惟中，根絕了「身見」，他們從那刻起，甚至於不會在夢境中犯惡行以及其他的惡業。他們自「身見」解脫，一直達到涅槃的最後存在，雖然歷經持續不斷的存在與輪迴，他們還是生活於佛教之中。對他們而言，佛教消失的地方，就沒有任何的境界值得留念了。

由於斷除「身見」，與未來的業有關連，就顯示了斷除「身見」所生起的利益。過去的業如何不發生效力？

過去無數的業如何在「身見」熄滅的剎那中不發生效力呢？以下舉例說明：

「一串念珠，是由一條堅固的絲線將無數的念珠串連起來的，如果其中的一粒念珠拉動了，其餘的念珠也會被拉動。但是，如果抽掉絲線，再去推動其中的一粒念珠，也不會影響到其他的念珠，這是因爲它們之間不再有任何的牽連了。」

一位執取「身見」的眾生，在過去生與劫數中，將一系列的「蘊」，產生強而有力的牽連，並轉化爲「我」。「在過去生與過去劫中，我已多次轉生爲人類、天神或梵天！」他這樣思惟，就是尋求這條「身見」的繩索。因此，過去生和劫中所犯的無數惡業，以及還沒有報應的惡業，都因著他再次轉生，尾隨而至。這些過去的惡業，彷彿被捆綁的念珠，是由一條強勁的繩索連結起來。

只要眾生清楚地覺知到「無我」，並且消除了「身見」，甚至能在一堂禪坐中，覺知到「色蘊」與「名蘊」的生起與消失，並見到分離的現象，而不是連結的統一體。「自我」之概念，就像繩索一樣，不再現前了。諸蘊就像繩索拆除後的念珠，四處分散。他們清楚地覺知到過去所犯的惡業，不再是「個體」、「眾生」、「我」、或「我的業」，他們是在剎那間生起又消失。這是爲什麼，當「身見」消失了，過去的惡業也就會完全消失的緣故。

以上我們只觀察惡業的消失。但是僅僅經由「身見」的消除，過去的惡業不會消失，只有達到阿羅漢道，愛欲徹底根絕了，惡業才會完全消除。

「身見」的罪惡

「身見」之惡是極端深刻，影響深遠。

一位犯了弒母業行的人，必定被淪入無間地獄的境界相所震懾，因而將弒母的業行，轉化為「自我」，並且深受諸如：「我犯了錯誤！我眞的錯了！」等想法的巨大苦惱。如果這眾生完全體證「無我」，並且能夠丟棄諸如「我眞的錯了！」的想法，那麼，弒母業行就不再發生作用。不過，眾生不容易斷除這種想法。

雖然，業無意伴隨眾生，也無意產生業果，卻是由於眾生執取諸如「這是我所犯的業，這是我的業。」因而受到強化。因為這種強有力的執取行為，業才產生果報。世俗人就是以這種種方式受到迷惑，因而執取「身見」。

惡業，也是這樣。因為「身見」強有力的執取行為，惡業經由輪迴，伴隨眾生，他們可以因此而再生，並產生業報。

眾生發現當他們受到業果壓迫，並承受巨大艱苦的過程中，他們並沒有棄絕惡業。這些眾生視惡業爲「我所做的惡業」，因而執取他們，既使他們可能在地獄中，經歷了由業所產生的苦果。因爲眾生沒有棄絕這種惡業，這些業不但沒有助益，反而產生果報。這些業持續產生果報，這些眾生因而不能從地獄中解脫出來。這就是「身見」之所以罪惡深重的所在。

同樣地，眾生極端地畏懼疾病、年老與死亡。不過，由於他們生起這種畏懼，反而執取過去意外事件中的疾病、年老與死亡，並且這樣思惟：「在過去，我已多次經歷了疾病、年老與死亡。」爲此，他們發現無力棄絕這種可怕的現象。因爲他們無力棄絕疾病、年老、死亡的現象，反而追隨他們，對抗自己的意志，因而持續產生壓力。疾病、年老與死亡的現象，勢必出現。這就是「身見」之所以罪惡深重的所在。

今生也是這樣。當外在與內在的過患一起現前的時候，眾生被疾病巨大地壓迫，他們反而會發展出一種對疾病的執取，並且這樣思惟：「我感到痛苦，我受到傷害，我被灼傷所壓迫。」因而執取他們。這種執取的行爲是一種束縛的行爲，阻礙了他們從疾病脫離出來的契機。因爲「身見」束縛的行爲是如此猛烈，以至於在漫長、無盡的輪迴中發現，這些疾病是不可分的伴侶，所以延續至今生。因此，「身見」對於這些疾病，產生一種繫著，並且在今生當中仍然持續壓迫眾生。

雖然這些巨大的過患與痛苦，無意伴隨這些眾生，也無意如此維持下去，可是，因爲「身見」的牽引，反而一世一世持續地伴隨眾生。

來生也是這樣。我們這樣思惟：「我們將經驗疾病，我們將面臨老年，我們將面臨死亡。」這些「身見」的行爲，係從此刻執取未來疾病、老年、死亡的可能性，並將他們連繫到眾生。因此，這種束縛行爲並沒有被摧毀，反而在未來，會很確定地面對這些可能性。這就是「身見」之所以罪惡深重的所在。

以上略述「身見」是如何罪惡深重。

表面的執著與深度的執著

「愛欲」與「慢」的執著，並不是「見」的執著。「愛欲」是以「這是我的財產」的形式，執取三界之內的一切現象。「慢」則是以「這是我」的形式，執取一切現象。在眾生執取「身見」的例子中，「愛欲」與「慢」追隨「身見」所給予的道路。在預流果、一來果、不還果聖人的例子中，他們已經斷除了「身見」，而「愛欲」與「慢」則伴隨「想顛倒」與「心顛倒」而生起的。由「想顛倒」與「心顛倒」所產生的執取是表面的，由「身見」所產生的執取則是深度的。以上，我們以描述惡業如何因「身見」的消失而止熄，來結束本文。

（《佛教手冊》附錄之一，為〈無我手冊〉的濃縮譯本。）

業力五問

【第一問】

問：父母親的業力會不會決定或影響孩子的業力？（請注意：在生理上，孩子繼承他們父母的生理特徵。）

答：在生理上，孩子的業力一般都是受到父母親業力的決定。因此，健康的父母通常培育出健康的後代，不健康的後代只會生出不健康的孩子。另一方面，在道德上，一位父親或母親的業力並不是任何方面都可以影響或決定他們孩子的業力。孩子的業力是他自身的一部份，這形成了孩子的個體性、整體的特點以及過去無數生命累積的缺失。例如，佛陀的業力─悉達多太子，可以確定的是不受他的父親飯淨王、母親摩耶夫人共業的影響。佛陀的榮耀、強大的業力超越了他父母的業力，他父母的共業壓制不了佛陀自身的業力。

【第二問】

問：如果父母的業影響不了他們的孩子，那麼要如何理解深受某種疾病痛苦的父母，很容易就把這些病痛轉移到他們的後代呢？

答：一個孩子遺傳了某種疾病，這種病是基於其父母特有的力量使然，這是所謂的父母之種子力量(*utu*)。舉例來說，同一株樹苗的二粒種子，一粒種植在低處、乾燥的土壤，另一粒則種植在豐沃潮濕的土壤。結果是第一粒種子萎靡不振，奄奄一息；另一粒種子則相反，長得茂盛，茁壯爲一棵高大壯碩的樹木。

如此一來就可以知道，同一對的種子放到不同的生長土壤，成長的結果就不一樣。以人類爲例，一個孩子的過去業力可與種子相互比擬。母親身體上的性格就像土壤，父親就像生長土壤的濕度。爲證明這個議題，我們再舉例加以說明，樹苗的發芽成長與生存是一體的，種子佔十分之一，土壤佔十分之六，濕度等其他因素佔十分之三。因此，發芽成長的力量潛存於種子（孩子），它的快速成長取決於土壤（母親）與濕度（父親）。

因此，對樹木的成長而言，土壤、濕度等條件大多數居於決定性的因素；所以父母（或其祖先）的影響（畜生界亦復如是），是要加以審愼考量的。父母（或其祖先）在身體的特徵上分享了業力的影響。如果是人類，那麼他們的子孫也將會是人類；如果牠們是牛群，其後代也一定是同一種類。如果是中國人，其後代也會是同一種族，並且不可避免的具有其祖先相同種族特徵。據以上的分析，縱使一個孩子的業力非常強大，他也不可能全然不受他父母親的影響。他很容易在身體特徵上受其父母的遺傳，不過孩子自身的業力確是最具影響力的，遠超過父母二者的業力。至於父母親（身體上）的遺傳病症，是可以經由醫術治療的。

一切有情眾生都是這三種力量交互影響的結果，第一是過去生舊有的業力，其次是母親的卵子，再其次是父親的精子。父母親身體特徵的影響或多或少是相等的，也許其中一方可能大一些或小一些。一個小孩的業力與身體上的特徵，例如種族、膚色等都是這三種力量的結果。

【第三問】

問：有情眾生死亡了，「靈魂」可以隨意自在遊蕩嗎？

答：當有情眾生入滅了，或者會再投生為人類、天人、梵天，或者墮入下界畜生，或者淪入地獄的某一層國土。懷疑論者與不可知論者堅持有所謂的「中陰身」階段 *(antarabhava)*，「中陰身」不是人類、天人或梵天，也不是佛典中任何一種被確認的存在狀態；有的人甚至認為「中陰身」還具有五蘊的功能。

有些人更認為這種「中陰身」是解脫了身體束縛的「靈魂」或「精神」；也認為「中陰身」擁有類似天人的神通，具有隨意自在的特異力量，因此可以從某一種存在狀態轉變爲另一種存在狀態。

其他的人更堅持一種虛幻錯誤的理論，認爲「中陰身」是可以幻化爲其他確實存在的境界，進而成爲其中的一份子。他是貧困之人卻幻想自己是富裕之人；他可能是處在地獄當中卻幻想自己是在天人國土等等。

這種「中陰身」的信仰是錯誤的，依佛陀的教義應加以譴責的。此世的人類依其業力，來生還是注定投身爲人類，有的人依其業力轉世爲天人，投生天人的國土；有的人來世則墮入地獄，未來可在地獄界中找到他。

「實體」或「靈魂」、「精神」、「來」、「去」、「變化」、「輪迴」，從某一存在狀態轉爲另一種存在狀態等等觀念，這都是由於不可知論與唯物主義所催生的，並不是「法」所確證的，並沒有各存在狀態之間的「來」、「去」、「變化」等等。「法」的概念，可以對應到電影動畫的畫面，或留聲機所發出的聲音加以佐證。例如人類死亡了，投生天人的國土；雖然這二種存在狀態是不同的，然而在死亡轉化的時刻，二者之間的連繫或持續性並沒有因此而中斷。

以人類爲例，來世的存在狀態也有可能是最底層的地獄。人類的居住場所與地獄之間的距離還是很巨大的。在投生的轉折點上，從某一種存在狀態過渡到另一種存在狀態的持續性是不會中斷的。沒有任何物質或空間，可以阻斷從人道墮入地獄的個人業力。從某一種存在狀態轉生另一種存在狀態是立即而至的，那比起眨眼或閃電的閃光還要快上無盡數倍。

業力決定了轉生與一切有情界的存在狀態（直至證入「涅槃」，才可以超越存在的輪迴。）

業力的果報是多元的，受到多方面的影想。宗教上的供養可以促使一個人轉化為人類或天人（轉生六個天人界的哪一界是依照他修持的結果而定），而且據此遵行宗教上的戒律。至於五種禪定的開悟狀態，則可以從梵天一直證入最高的第二十層梵天界。當然也會依照所犯惡業的層級，逐次降至最底層的地獄。所以我們過去現在未來的業力是按照我們行為的善、無記、惡來確立的。從上述所說的，可以知道我們的業力決定了我們存在狀態的變化。

因此「惡靈」並不是「中陰身」階段的眾生，而是非常低層次的眾生，他們隸屬於五道眾生中的一種：人道、天道、地獄、畜生、餓鬼。他們非常接近人道。由於他們的存在狀態是不快樂的，因而被認爲是「惡靈」。雖然人類有時會受到暴力突然死亡，因而墮入較低的天人國土，但是所謂人死後再生爲「惡靈」的說法不是眞實的。

【第四問】

問：有沒有一種人是可以準確無疑地說自己或他人的過去生？

答：如實說來，這不是常態，而要按佛教有關業力的信念而來的。這種人稱爲「本生宿智眾生」*(jatisara puggalo)*。

當投生爲人時，下述所列的人大多是不記得前世的：

早夭的小孩；

年老體弱的人；

服藥或飲酒過度的人。

在投生的過程中，這些人的母親或是在病苦中或是輕率懷孕，因此他在母親的子宮中就失去了一切前世的知識。

而以下所述投生的情形，就可以具足過去生的知識：

不是由人道投生的，而是從天人、梵天或地獄投生的人，就可以記起他們的過去生。

身體健康卻因其他原因而突然去逝的人，他在轉世中還具足前世知識的能力，當然他母親的子宮也要是健康的，母親的心境清淨安祥。

再者是生活安穩、具足德行、過去生曾證得宿命智的人。

最後是佛陀、阿羅漢、修行的聖者，他們已經證入「宿命通智」

(*pubbenivasa-abbhinnana*)。

【第五問】

問：五種神通是指什麼？只有佛能證得嗎？

答：五種神通是指「神變通」、「天耳通」、「他心通」、「宿命通」、「天眼通」。

阿羅漢、修行的聖者也可以證得這五種神通。不僅如此，連一般的修行人也可以證得。因爲根據傳說，在佛陀之前有些修行人就能夠在空中飛行，甚至穿越不同的世界。

我們可以發現到，在佛典中清楚揭示了證得五種神通的方法，直至今日這些修持的方法還是謹慎地保留下來，因此這五種神通是可以證得的。雖然在今天，我們看不到任何人具足這五種神通，這實在是由於我們缺乏持續身心的努力精進所致。

（譯自【佛教手冊】附錄之一）

實修佛法的根本原則

緬甸 烏巴慶尊者

【譯者按】：

烏巴慶尊者（一八九九～一九七一），歷任緬甸政府要職，是緬甸居士佛教的典型代表。他的修行要訣，是以身體的感受「受念住」，作為觀想無常的入手處，簡單、直接又科學，是緬甸直觀法門的成就者之一。

本文譯自緬甸仰光「國際禪修中心」自行出版的《烏巴慶尊者言論選》，並參照斯里蘭卡「佛教出版社」法輪叢書No.231的英譯本。

實修佛法的根本原則

無常、苦與無我是佛法中三項根本原則。

如果你們眞切地體會到無常，就會知道苦是果報，無我是最終極的眞理。想要一併體會這三者，需要一段時間。當然，無常是根本關鍵，需要在實修中先加以經驗與認識的。由於忽略了實證的角度，僅僅閱讀佛書或有關叢書，是不足以體認到眞切的無常。只有體會到無常的本質，就是存在於大家自我之中的無止盡變遷過程，這樣，你們才會以佛陀希望你們體會無常的方式去體會。佛陀住世的時候，並沒有所謂佛教的叢書，人們就是以這種方式開發無常觀。

爲了觀想無常，一位修行人必須嚴格地、勤奮地追隨八正道，而八正道又可區分爲戒、定、慧三項步驟。

戒律是禪定的基礎，也就是制心於一處。只有禪定圓滿了，一位修行人才能夠開發智慧。因此，戒律與禪定是智慧的前加行。所謂智慧是指透過直觀（*Vipassana*）的實修來體認無常、苦與無我。

不論佛陀是否出現，戒律或禪定修持是恆常存在人類當中。事實上，戒律與禪定是一切宗教信仰的公分母，但，卻不是止息痛苦的方法。

悉達多太子在追尋如何止息痛苦的過程中，他自知自證了通往止息痛苦的道路。經過六年艱苦的努力之後，他找到道路，因而徹底證悟了，然後，教導人類與諸天人追隨這條道路，引導他們將痛苦止息下來。

我想解釋一下，每一個行動，不論是行為、文字或思想，對每個人都會留下業力，而這種業力會變成用來維持生命能量的補充來源，並且不可避免地帶來痛苦與死亡。一位修行人在體會了無常、苦與無我，開發了內在的力量，就有能力解除業力，增益自己的利益。正當新的行動進一步累積，維持生命的能量補充，日復一日地進行的時候，真切觀想無常的過程才開始進行，因此，這是一種生命的志業，以便解除修行人自己的全部業力。已經自行解除一切業力的修行人，就是達到止息痛苦的境界，屆時，不再留有任何業力，可以供這位修行人以任何生命形式維持生命的能量。當佛陀與諸位阿羅漢證入涅槃的時候，他們在生命終結時已經契入止息痛苦的境界。對於我們而言，生在今日，又修習了直觀法門，如果妥適地觀想無常，是足以達到預流果聖人的境界（開悟第一個階段），而流果聖人只需要輪迴生死七次，就可以止息痛苦。

無常觀，是打開體會苦與無我的窗戶，因而最終趨向痛苦的止息，而這種觀想只有透過佛陀的當機開示，或者，藉由佛陀的教誨利益有心求道的眾生，而佛陀的教誨包括了八正道三十七道品，仍原封不動地保存至今。

爲了在修習直觀法門的過程有所開展，初學者必須盡可能守住無常觀。佛陀對比丘的勸誡是，無論是行、住、坐、臥，他們應該在一切的姿勢中，維持對無常、或苦、或無我的覺知。持續地覺知無常乃至於苦與無我，就是修行有所成就的秘訣。在《大涅槃經》

中，佛陀入滅前的最後遺言是：

一切諸行無常 (*Vaya-dhsmma sankhara*)

努力精進解脱 (*Appamadena sampadetha*) ——《長部》十六經

事實上這是佛陀過去四十五年一切教誨的核心。如果你恆守覺知到「一切諸行無常」，假以時日，就可以達到目標。

正當你開展無常觀的這段時間，對於實相的洞察會愈來擴大，最終會毫無疑惑地證知無常、苦與無我三法印，然後，只剩下你瞄準目標，勇往前進而已。

現在，你知道無常是首要的關鍵因素，就應該儘可能清晰地體會「無常是什麼？」切勿在修行或討論的過程中，發生混淆的情形。

無常的眞實意義是毀壞，無論是生物或無生物，毀壞是存在於一切事物本身之中。爲了讓現代人更容易理解，我要引述由亞西莫夫 *(I. Asimov)* 所撰寫的《原子的內在》乙書中，「原子內容」這章的開頭句子，以及這本書第一五九頁的部份內容，指出一切生物每一部份之間的化學互動，就如同人類一樣。

這足夠讓我們記住，一切的事務，不論有多大差異，都是由所謂的「原子」之極微物所組成的，而科學家已經證明了，這些原子是處於生生滅滅的狀態。同樣的，我們應該接受佛陀有關「一切諸行是毀壞、無常」的觀念。

不過，佛陀在解釋無常的理論，是由產生物質的行爲開始。佛陀所認知的物質，比起今日科所發現的原子還要微細。佛陀教誡他的弟子，宇宙間存在的每一件事物，不論是否爲生物，都是由極微物（*Kalapas*，比原子還微細）所組成的，極微物生起的同時就消逝了。每一個極微物是由八種元質聚合的，分別爲「堅硬」、「流動」、「熱」、「律動」、「顏色」、「香」、「味」、「營養」。前四者，稱爲物的特質，在極微物中是優先決定的元質，後四者僅僅是附屬的元質，彼此互相依賴，並且由前面的四種元質演生來的。在物理學的層次，極微物是最微小的粒子，遠遠超越了今日科學的領域。

只有當這八種元質（只是行為的特質）聚合起來，極微物的實體才形構起來。換言之，這八種的行爲元質在剎那間聚合爲一物，這就是佛教所謂的極微物。極微物的大小約爲印度夏季的時候，戰車車輪的坌塵的 1/46656。極微物的生命只是一剎那之間，人眨眼之間，極微物已經生滅一兆次了。這些極微物總是處於無止盡的變遷之流當中。對於一位修習直觀法門已經有所成就的學員而言，他們能夠感受到一股能量。人類的身體是一種實體，反而是由「色」（物質）與「名」（生命力、心靈）共同聚合起來的。

能夠認知到我們的身體是由細小的極微物所組成的，是處於變化的狀態，就是體會到無常或斷滅的眞正特質。無常的這種特質是由極微物持續不斷的分裂與替換所促成的，一切事物都處於燃燒狀態之中，這就與苦諦結合起來。只有經驗到無常就是苦，你們才能體會到四聖諦中的苦諦，在佛陀的開示中，一再如是強調。爲什麼？這是因爲你瞭解到苦的微細特質，又不可能立即脫離，就會變得眞切地懼怕、厭惡「名」、「色」的特殊存在狀態，並且找出解脫的道路，也就是超越苦，達到苦的止息。苦的止息像什麼呢？當你證得預流果聖人的境界，又經由修行的開發，契入涅槃的解脫、平和境界，你生爲人類將有機緣經歷一番。

請務必在每天修行中，持續觀想無常，你會很快在身體或心靈中體到無常的變化。

在修習直觀法門之前，也就是說，禪定已經開發到適當的程度之後，學員應該先在理論上悉熟「色」（物質）與「名」（心與心的特質）。如果他在理論上已經有了良好的認識，禪定又達到適當的層次，就能在佛陀語言的眞實意義下，理解無常、苦與無我。

在直觀的法門當中，一位修行人觀照的，不僅僅是「色」（物質）的無常性質，還要觀照「名」（投向「色」變遷過程的思想元素）的無常性質。有時候，這種觀照只集中在「色」的無常上；有時候，這種觀照也會集中在「名」的無常上。當一位修行人在觀照「色」無常的時候，也會了解到那件隨觀照「色」無常而生起的思想元素。這樣的話，你們就同時體會到「色」與「名」的無常。

我上述所說的，就是要指出，藉由身體的感受來瞭解無常，瞭解「色」的變遷過程，以及因爲這些變遷過程而生起的思想元素。你們也應該知道可以藉由「受」的其他型態來瞭解無常。藉由「受」來開發無常，如：

一、由眼根接觸可見的形色；

二、由耳根接觸聲音；

三、由鼻根接觸氣味；

四、由舌根接觸口味；

五、由身根接觸觸感；
六、由意根接觸思想。

事實上，一位修行人可以藉由六根當中的任何一根，來開展無常觀。然而，在實際修行上，我們發現到，在一切「受」的型態中，處於變遷不居的身體觸受，涵蓋了內在省思的廣闊領域。不僅僅是因爲身體各部份的觸受（藉由其中的極微物磨擦、放射、振動而形成的），比「受」的其他型態還要具體。因此，對於一位直觀法門的初學者而言，藉由「色」（物質）身受，更容易體會無常。這是我們抉擇「身受」當作迅速體會無常之手段的主要理由。想要嚐試其他方法是非常開放的，但是，我建議，一位修行人在嚐試「受」的其他型態之前，應該在以「身受」體會無常手段上，已經妥適純熟了。

有關直觀的智慧共有十個層次，分別為：

一、思惟智 *(Sammasana)*：

藉由理論上的細微觀察、分析來感知無常、苦與無我。

二、生滅智 *(Udayabbaya)*：

認知到「色」與「名」的生起與消滅。

三、壞離智 *(Bhanga)*：

認知到「色」與「名」的快速變遷；宛如一股瞬間的能量。

四、怖畏智 *(Bhaya)*：

認知到存在本身是一件很可怕的事實。

五、過患智 *(Adinava)*：

認知到存在本身充滿了罪惡的事實。

六、厭離智 *(Nibbida)*：

認知到存在本身是令人厭惡的事實。

七、欲解脫智 *(Munnitu-Kamyata)*：

認知到從存在界出離的強烈慾望。

八、省察智 *(Patisankha)*：

認知到以無常觀基礎的解脫，並全神貫注。

九、行捨智 *(Sankharupekkha)*：

認知到這個階段是從「行」當中解脫出來，並且與自我中心論決裂。

十、隨順智 *(Anuloma)*：

認知到隨緣證得目的。

上述這些層次，只有經過修習直觀法門的課程才可能獲得，並且只有在回顧的過程中，才可能辨識出那些在短時間獲得這些目標的人。一位修行人在開展無常觀的時候，就可以獲得這些層次的成就。然而，在某種程度上應該歸功於合格導師的導正或協助。一位修行人應該避免預期這些層次的成就，這樣子會讓他中止對於無常持續的覺知，而只獲得他所期望的獎賞。

現在，讓我從日常生活中主宰的觀點，來處理直觀法門，並且解釋在此今生今世當中所衍生出來的利益。

直觀法門的最初對象，是一位修行人自我當中呈現出來的無常，或者在無常當中去經驗一位修行人內在的自我，並且，最終達到內在、外在寂靜、平衡的狀態。當一位修行人攝入無常感的時候，就算達到了。

這個世界現在所面臨的嚴肅問題是：壓迫人類。現在是每個人修習直觀法門，並從中發現寧靜深池的時刻。無常，深植於每個人內在，每個人是可以證知的。祇要凝視內在的自我，就可以經驗到無常。當一位修行人可以感受到無常、可以經驗到無常、攝入無常當中，他就可以從外在的觀念世界解脫出來。對於主宰而言，無常是生命的寶石，將會對自己的存在與社會福利，創造出一股寂靜、平衡的能量。一旦加以適當開發，無常會撞擊到一位修行人身心疾病的根源，並且逐漸去除對他有壞的身心病源。佛陀住世的時候，拘薩羅國境內的舍衛城與周邊地區，大約有九百萬人，其中，有五百萬人是契入預流果的聖人，因此，當時修習直觀法門的修行人必定爲數眾多。

無常並不是爲那些放棄世界、漫無目標生活的人而準備的，而是爲具有主宰的人。雖然有些弱點會讓人在修行的日子當中，感到不安，一位合格的導師會協助學員在短時間之內證得無常的觀照活動。一旦可以觀照無常了，他必須去做的是試著守住無常觀，但是，他必須注意到呈現出來的時機，以便進一步證入「壞離智」的階段，這在直觀法門中是第三階段的智慧。如果證入這個階段，修行就不會出現什麼差錯，這是因爲他不需要花費太多的努力，就可以自然地體會到無常。在這種情形下，無常會變成他的根基，日常生活的內在需求、一切身心活動將可以迅速超越。不過，對於尚未證入「壞離智」的修行人而言，還是有些困境。對他，就好像內在的無常與與外在身心的活動二者之間決戰。所以，遵循「工作就好好工作，玩樂就好好玩樂」的格言，才適當。他並不需要時時貫注在無常觀上，如果能夠日夜有序地修習，就夠了。至少在禪修這段時間，努力專注在覺知身體的無常，換言之，觀照無常的活動應該持續展開，不要間斷，不要受到任何散渙思想的介入干擾而影響到直觀的開發。在這種情形之下，他還是無力克服的話，就必須回到觀呼吸的正念上，因爲戒律是證入禪定之鑰。想要具足無常觀，必須先具足禪定，想要具足禪定，戒律必須止持完美。如果禪定非常卓絕，觀照無常也將會非常透澈。

除了將心靈維持在平穩的完美狀態，並且專注在禪修的對象上，觀照無常，並沒有其他特別的技巧。在直觀法門當中，禪修的對象是無常，因此，只要把注意力拉到身體的感受上，就可以直接感受到無常。從身體去經驗無常，首先是因爲在身體的感受這個領域，一位修行人可以很容易收攝注意力，由頭到腳，由腳到頭，可以容易轉換專注的地方，有時候還可以探入身體的內在領域。在這個階段，一位修行人必須清楚地認識到，切勿注意身體的組織結構，而是極微物的形塑過程，以及持續變化的特質。一旦觀察過這些引導的項目，就一定會有所成就，不過，這些進展還是要依靠一位修行人的波羅蜜以及禪修的熱忱。如果他證得了高層次的智慧，對於無常、苦、無我三法印的認知能力就會增強，並且會更接近聖人的目標，這是每一位具有主宰的修行人，應該牢記在我心的。

現在是科學的時代。今日的人類已經沒有烏托邦了，除非果報是善良、具體、清楚、個人、今生今世，否則他們不會接受任何事物。佛陀住世的時候，他就告誡噶拉瑪人：

現在注意！你們這些噶拉瑪人，
不要被傳聞或傳統或傳說所誤導，
不要被熟悉經典的人所誤導，
不要被推理或邏輯所誤導，
不要因經過反省而符合某些理論就被誤導，
不要因符合個人的傾向或尊敬導師的權威而被誤導。
噶拉瑪人，你們應當認識自己，這些事是惡的，那些事是善的，
這些事是受到智者斥責的，那些事會帶來幸福與快樂，那樣的話，
你們就應該去修習與護持。

弘揚直觀法門的時刻已經響起了，這是佛法的復興，實修直觀法門罷！我們不要再遲疑了，在合格導師的引導課程中，打開心胸，就會獲得一定的果報，這些果報，對生命非常有用，可以經常處於祥和與幸福的境界。

願一切眾生快樂　和平遍及世界

智慧的語言・見法之道・銷除內在的火燄

緬甸 韋布大師講述

【譯者按】：

韋布大師（一八九六～一九七七）生於上緬甸，剃度出家後，心儀佛陀教法中的實踐面，與緬甸佛教側重論疏的傳統，大相逕庭。

一九二七年，年僅三十一歲，便開始弘揚佛陀的直觀法門，足跡遍及全緬各地，五十年如一日不曾間斷，是當代緬甸佛教中，獨樹一格的禪師。一九五三年，韋布大師前往烏巴慶居士所創設的仰光國際禪修道場教授禪法。當時烏巴慶已聞名國際，推動禪修活動不遺餘力，一九六五年六月，烏巴慶前往韋布大師駐錫上緬甸的禪修中心，接受韋布大師剃度，短期出家一週，兩人亦師亦友的交往，蔚為美談。

韋布大師以戒定慧三學來含攝八正道、三十七道品乃至三藏經文。不過，他甚少著述，在精不在多，禪風直樸，強調常坐不臥的苦行，以及從呼吸與鼻端的觸，作為入手處。以下的教法是韋布大師在五十年的教學中，幾乎是每次說法都會說的法要，它提供實在、簡單、清晰、可瞭解和可實踐的法要。

智慧的語言

大家受戒之後，就要護持戒律！一旦你遵守戒律，所有的願望將會圓滿實現，並且立刻帶給你快樂，直到未來。

在這一世的生命中，除了佛陀的法語，沒有任可事物可以帶來平安與幸福，既使在未來世的輪迴中，也是一樣的。佛陀的法語具體表現在經律論三藏當中，可是，三藏的卷帙浩瀚，我們必須從中截取精華；三藏的核心內容是三十七道品，三十七道品的要義是八正道，八正道的精髓是三學，三學的本質是至上的法。

三學，就是增上戒學，增上定（心）學，增上慧學。

當修行人全心專注在「色」與「名」，就不會產生身體與言語上的惡行，這就是增上戒學。

當增上戒學開發了，心靈會變得專注、寧靜。這就是增上定學。

當增上定學開發了，修行人就會洞見「色」與「名」的自性。在這種觀照下，「色」與「名」會經歷無止盡的變化現象。這種無止盡的變化過程超越了任何天神或梵天的控制。修行人一旦證知了變化與止息的過程，就已經達到增上慧學。

對一般人而言，最明顯的現象是呼吸的過程。鼻子是身體很敏感的部位，吸入與呼出都會接觸到鼻孔。

鼻孔是鼻子中很靈敏的地方，乃是吸入、呼出的必經之地。換言之，風息（律動的原因）與鼻孔接觸，就產生「受」的知覺。風息與鼻孔合稱爲「色」，「名」則是證知「受」的知覺。一般人很少體會到什麼是「色」與「名」，因此，要全心專注在鼻孔上，覺知吸入與呼出的過程。在吸入呼出上，保持正念，貪、瞋、癡就沒有機會生起。貪、瞋、癡的火焰會自行熄滅，因而帶來心靈的沈靜與平安。

在「觸」生起之前，我們不會覺知到「受」。「觸」一旦止息了，「受」的覺知也會消失。修行人必須密切觀照任何生起的「觸」。這就是所謂的當下即是。

持續地專注當下！如果修行人能夠一天二十四小時，專心致志，果報會現前的。如果修行沒有辦法持續專注每一刹那所生起的現象，他就沒有辦法加以觀照，因而陷入負債的境地。

如果修行全心專注在呼吸與鼻的「觸」上，他就會瞭解到，一切事物只是「色」與「名」，其餘的都不存在。除了「色」與「名」，「我」、「他」、「你」都消失了，沒有自我，沒有男人、沒有女人。修行人將會自證到佛陀的法教就是眞理，至眞至實；他不需要再向別人求道。覺知到風息與鼻端的「觸」就是這樣生起的，如此一來，就會證知到並沒有所謂的「自我」或者「靈魂」。

在這種覺知的剎那，修行人的智見，了了分明。這就是所謂的正見。除了「色」與「名」，一切都不存在了。這就是所謂的「名色隨觀智」(*nama-rupa-pariccheda-nana* 心靈與身體的分析智識)。

持續不斷地默觀，可以消除掉「自我」的概念，並且，生起一種清澈的了悟。這種利益就是頓悟的果報。不要認爲這樣地默觀會孤陋寡聞，也不會產生利益。只有在佛陀的這種教法中，才會獲得這些利益。在修行中，放下食物等生活必需品罷！努力開發直觀的智慧，就會達到「道智」(*magga-nana*)、「果智」(*phala-nana*)，最後在涅槃中止息。

見法之道

一、佛陀在三藏中的教法，只有一個目的：從痛苦中解脫。方法雖然很多，目的是一致的。修行人沒有必要追逐所有的方法，抉擇其中一種，付諸實踐，適切的努力，踏實去做，就可以了。

二、智明 *(Vijja)* 與行爲 *(carana)* 必須同時開發，兩件事可以同時去做的。

三、遵從佛陀的教法，也要聽從老師的引導。維持敬意、謙遜，懇切地修習忍耐與慈悲。

四、直觀就是徹見實相。修行人必須如實地徹見事物，否則，就不是直觀。五、眞實不必外求，就在自己的身體，它是一直現前的，是不可迴避的，是「名」、「色」（心與物）。

六、「名」與「色」會在身體中顯示，可是，不容易辨識，只要專注在吸入與呼出上，就容易加以默觀。

七、我們一出生，吸入與呼出的活動也跟著開始，一直到死亡，才會結束。這種呼吸的活動不需要任何壓迫或勉強，不論是在工作、走路、研究或睡覺，呼吸活動仍照常進行。

八、雖然吸入與呼出的活動持續不斷，心神不一的人卻很難注意到。緬甸的諺語這樣說：「心神不一的人，不會注意到洞穴，心神專注的人，即使身陷五里霧中，還是可以發現到。」只有心神專注的人，可以警覺到呼吸的活動過程。

九、在這個地方，「覺悟」是指修行人吸入空氣時，注意到鼻孔的「觸」，以及呼出時，鼻孔的「觸」。呼吸活動是持續不斷進行的，「覺悟」也必須持續不斷地觀照，只有這樣去「覺悟」，才可以稱爲直觀法門。

十、一天有二十四小時，如果「覺悟」維持二十四小時，利益果報會非常明顯。如果可能的話，應該採取常坐不臥的苦行 *(nesajjika dhutanga)*。佛陀的教法，不是去製造痛苦，而是如何將痛苦止息。佛陀在世的時候，採取常坐不臥苦行的修行人，非常健康、長壽。如果修行人屈服於睡眠，就像在輪迴中常眠不醒。修行人如果昏昏欲睡，有必要起身到不會入睡的地方。

十一、必須全心專注在事物的眞相，或者徹見實在，這是戒定慧三學、八正道、三十七道品的要義，簡言之，也就是整部三藏的精髓，可以這樣提綱契領去體會。

十二、「觸」就是「色」，「覺知」就是「名」。

十三、震動現象的出現與消失。就是「名」「色」生起與止息的過程。

十四、正如修行人注意到鼻孔觸受生起與消失的瞬間過程，循序開展直觀的禪定，經過一段時間之後，禪定開發愈徹底，修行人愈能覺知到遍及全身的瞬間變化現象。

十五、當修行照見了這些瞬間變化的現象，「無常」就顯示出來了，「苦」與「無我」也可以了了分明，這不全然需要使用語言。直觀法門就是全心專注在任何生起的事物上。日以繼夜開發正念，修行人終將徹見一切。

十六、正如修行人開展禪定，他們的直觀能力也獲得開展，並且具足了「道智」與「果智」，就好像口渴的人，飲水解渴之後的滿足感。具足「道果」的修行人，是在此生中，自己去證知的，不用等待來世。修行的果報是自證自見的 *(Sandiṭṭhiko)*。

十七、達到「道智」與「果智」之後，如果修行人想要重新獲得「果定」*(phala-samapatti)*，他必須回到直觀的修行，求取進一步的開展。「果定」，就像一個人的住宅。

十八、以堅定的信仰與不倦的努力，全心專注在呼吸與鼻孔的觸受上，不要有任何的鬆懈中斷，切莫躊躇不定，切莫延遲耽擱，當下即是，持續地修，將會立即產生出果報。這種果報是情感之苦的止息，並獲得難以形容的喜樂。修行的果報是當下即是(*akaliko*)，直接發生作用。

如何圓滿戒律？

去做一些有價値的行爲，諸如清理佛塔，或澆水供養菩提聖樹，爲導師或父母服務，甚至關切你家人的需要，這些行爲會豐富戒律的寶藏。在做這些事情的時候，修行人仍然可在禪修中。如果你疏忽責任，你可以確信自己已經具足戒律了嗎？如果戒律還沒有圓滿，你能夠獲得你所追尋的快樂？如果沒有快樂，沒有和平，你就不可能契入禪定；缺少了禪定，你就無法獲得智慧。

銷除內在的火燄

第二次禪修開示

韋布大師：前往寺廟、菩提樹廣場、會晤老師、父母、妻子與孩子，這是我們的責任。如果我們圓滿了這些責任，就是實踐善的德行，而這就是戒律。

正當我們圓滿責任時，能不能同時修持呼吸觀呢？如果不能圓滿這些責任，我們的戒律能完美無暇嗎？如果戒律有所缺損，我們能夠期待經驗到盼望已久的快樂嗎？如果缺乏喜樂，縱使力求專心一致的禪定，我們是不可能證得直觀的智慧。

【英譯者按：依比丘戒律，一個月須進行二次誦戒，韋布大師在禪堂召集所有的比丘，背誦比丘二二七條的戒律，同時參與了其它的法會。法會圓滿時，他對在家弟子作了一場開示。】

韋布大師【以下簡稱「師父」】：今天是布薩日。天一亮起床的時候，就想到「今天是布薩日」，並發誓嚴守八戒。從那時起，你就持續不間斷地維持正念？

在家弟子【以下簡稱「弟子」】：不，大師，我們沒有。

師父：那你有多少時間是在覺察呼吸的出入？

弟子：有時候，我們會覺察到，有時候會忽略了。

師父：你的心專注在所觀照的對象，時間有多久？迷亂的時間有多久？

弟子：（沉默不語）

師父：你沉默不語，我就認定你是時時刻刻保持你的覺察力。

弟子：不，大師，我們做不到。

師父：如果是這樣的話，我再問你一些問題。在閃電電擊的剎那中，你的心念生滅了幾次？

弟子：大師，數以萬計。

師父：因此，你的心念生起了又入滅了數萬次。每當心念生起，就會有些快樂、不快樂、喜歡、不喜歡的對象一併出現。這些所緣對象的持續之流，是否間或可以斷除呢？

弟子：不，大師，心念總是會抓住某一對象。

師父：確是如此。由於過去的善惡業，你的心中現起了這些好友或惡友。如果我們現在將一位好友導入意識之流，因而生起喜樂的對象，那會發生什麼事情呢？

弟子：會生起貪念。

師父：生起貪念是好事還是壞事？

弟子：大師，這是惡業。

師父：如果是現起壞朋友，隨著令人不悅的心靈之物生起的是什麼呢？

弟子：瞋念會生起。

師父：如果讓瞋念生起，這是善業還是惡業？

弟子：大師，這是惡業。

師父：如果我們迎受了令人愉悅的心靈之物，貪執取煩惱就會生起，因而製造了惡業，墮入低層的存在境界。然而，如果生起令人不悅的思想或意像，我們也會執取，瞋恚、苦、怒、厭惡也會隨之生起，這些內心的狀態也會牽引我們墮入低層的存在境界。那麼，何時這些愉悅、不愉悅的思想、意像、聲音、影像、味道、觸感才不會生起？

弟子：大師，沒有這種時刻。心總是會抓住某一個對象。

師父：我們內心所生起的對象物，都是過去輪迴所作的業果，如果愉悅或不愉悅的對象生起了，你通常會怎麼面對？

弟子：我們會很拙劣的反應，然後又替自己造了惡業。

師父：如果令人喜悅的對象生起了，執取貪會生起。這種貪欲像什麼？像不像火？貪欲像一把火，瞋恚、不悅、厭惡、恨又像什麼？

弟子：瞋恚也像一把火。

師父：無論生起何種對象，我們都會經歷烈火炙燒的痛苦，不是嗎？

弟子：確是如此，大師。

師父：如果貪欲、瞋恚已經生起了，就讓他們生起吧！如果我們遵行佛陀的教誨，貪欲、瞋恚能夠影響我們嗎？當我們修持呼吸觀的時候，貪欲、瞋恚就沒有任何機會可以佔據我們的心靈。佛陀的教誨如同廣闊的阿耨多羅大湖，貪欲或瞋恚之火燄，或其它任何一種火燄掉入這大湖，就會被熄滅了，不必承受他們的炙熱火燄之苦。只有當我們覺知到，他們是如何在剎那之間生起，而且在心意識中生起了無數次，我們才能如實的說，自己契及「增上慧」或眞實的智慧與直觀。

心靈與身體在一剎那之間生起了億萬次，這包括了你的善友與惡友。如果你沒有警覺到這些善行與惡行，那就會在你內在當中無止盡的累積起來。

現在，誰要對你身體中持續生起的樂或不樂的感受負起責任呢？

弟子：我們要負起責任，大師。

師父：在無止盡的輪迴中，你所累積的債務總是會伴隨著你。如果你不遵行佛陀的教誨，並且加以修持，你會一再累積相同的債務，而且會在每一剎那中重覆千萬次。你能夠計算他們嗎？

弟子：不能，大師，他們是無法計算的。

師父：所以，你應該秉持佛陀的教誨來修行。如果你不隨他們的生起入滅而生起入滅，你所積累的債務就會減少，而且不會累積新的債務。如果你證入這種生起與入滅，你就不會製造新的債務，而且還可以免除舊的債務。爲此，你已達到增上慧的境地。

觀察出息、入息的技巧是可以隨時隨地進行的。當你獨處或處眾的時候，或者行住坐臥的時候，你都可以加以觀察。無論在何處，你都可以修持。現在我問你，爲了修持觀呼吸，你總共花費多少錢？

弟子：不須任何錢。

師父：你必須放棄工作嗎？

弟子：不必。

師父：在這種情形下修行，有什麼困難嗎？你會因此而感受到厭倦嗎？

弟子：不會。

師父：如果從事業中賺取了大量的利潤，有人會問你賺了多少金銀財寶，你會告訴他們嗎？

弟子：不會。

師父：爲什麼不會告訴他們？

弟子：不應該告訴他人這類事情。

師父：金、銀、法，哪一種最昂貴？

弟子：法最昂貴。

師父：所以不應告訴他人你所證得的成就。現在幾點了？

弟子：下午七時。

師父：到明天日出還有多少時間？

弟子：大約十小時。

師父：你可曾想過，在這段漫長的時間內禪修而沒有任何間斷嗎？努力精進就可以銷除你的債務。過去以及過去行爲種子的精進修行，都會帶來善的業果。

結語

迦旃延經 *(Kaccayangotta-Sutta)*

一、【那個時候，世尊】居住在舍衛國。

二、那時，迦旃延尊者前往世尊的住處拜會。到達之後，問候完了，禮敬世尊，坐在一旁。

三、坐在一旁的迦旃延尊者，向世尊詢問：「大德所說的『正見！正見！』，究竟要到達什麼程度才可以稱為正見？」

四、迦旃延，這個世界一般都傾向兩種觀點：存在與虛無。

五、對於有正見智慧的人而言，世界生起的時候，就視同世界存在，不會有《世界虛無》的見解。迦旃延，對有正見智慧的人而言，世界毀壞的時候，就視同虛無，不會有《世界存在》的見解。

六、迦旃延，世間的人大都受到意識型態體系、執著的束縛。不追隨意識型態體系、執著的修行人而言，不會受到『我的自性』觀念的束縛，反而會思惟『痛苦生起，就生起罷！痛苦止熄，就止熄罷！』這樣的人沒有懷疑，沒有困惑。他的智慧不會因外緣而生起幻滅。

七、『一切事物都永恆存在』──迦旃延，這是第一種極端的觀念。迦旃延，這樣就是所謂的『正見』。

『一切事物都是虛無』──迦旃延，這是第二種極端的觀念。迦旃延，如來不會趣向這兩種極端的觀念，而是依照中道來說法的。

八、因為無明的緣故，才生起潛意識的傾向，因為潛意識傾向的緣故，才有生起意識活動，等等。。。，所有痛苦就這樣生起聚集了，因爲無明完全斷除滅盡了，潛意識的傾向也就止熄；因爲潛意識的傾向斷除了，意識的活動也就止熄了，等等。。。

所有痛苦就是這樣止熄斷除了。」

《南傳巴利藏。相應部經典。因緣相應。第十五經》

附錄：緬甸佛教簡史

附錄：緬甸佛教簡史

緬甸位於印度半島西部，北接中國雲南省，東鄰泰、寮，西邊為印度、孟加拉，南鄰孟加拉海灣，是一南北狹長的國家，人口約四千萬人，緬族佔全國人口的六五％，佛教徒佔總人口的八〇％，乃一典型的南亞熱帶佛教國家。

緬甸的原始發音為「摩羅摩」*(Mramma)*，係由梵語梵天轉化而來，意義為「梵天之國」，西方人稱緬甸為「*Burma*」，近來緬甸政府已將國名改為「*Myanmar*」。

緬甸佛教的特色是以上座部佛教為核心，誦持巴利藏佛典，嚴格遵守戒律，並且，側重阿毘達磨論藏的註疏，二十世紀以降，更是全面廣泛推動直觀禪修法門。

以下謹以十個時期，略述緬甸佛教的發展與特色。

第一時期：傳說階段（西元前五世紀）

根據緬甸的傳統，西元前五世紀，釋迦牟尼佛初成正覺，當時有兩位從烏卡拉巴（*Ukkalapa*）來的商人看見佛陀，便將他們的食物供養給佛陀，佛陀則回贈八根頭髮，讓他們帶回緬甸，現在仰光市內的大金佛塔便是以供養佛陀聖髮，著稱於世。

第二時期：大乘密教階段（西元八世紀～西元一〇四四年）

緬甸在印度佛教史上，稱為「金地」，西元八世紀，鄰近緬甸的孟加拉波羅王朝，是大乘密宗的主要護持國家，密宗就近傳入緬甸，與緬甸的原始宗教結合，形成所謂的阿利僧派。

第三時期：浦甘王朝（西元一〇四四年～一二八七年）

阿奴律陀王 *(Anawrahta)* 在浦甘建立王朝，統一緬甸之後，便迎請打端地區的高僧辛阿羅漢 *(Shin Arahan)* 為國師，確立上座部佛教為國教，全面禁止阿利僧派的密宗活動。

阿奴律陀王及其以後的國王，又在浦甘廣建佛塔，共計有五萬餘座，現今尚存二千座，如今，浦甘佛塔已開發為重點觀光地區，成為國際知名的佛教古城。

浦甘王朝對上座部佛教的另一貢獻就是蒐集包括錫蘭、打端等地的巴利佛教聖典，重新校訂，為當代研究巴利佛典，保存了寶貴的資料。

而那羅波悉都王 *(Narapatisithu)* 時代的高僧車波多 *(Chapata)*，曾經赴錫蘭求法並廣泛注解巴利藏，為往後的緬甸僧侶，勇於注釋巴利佛典，樹立了自主的典範。

第四時期：撣族統治（西元一二八七年～一五三一年）

這個時期統治北方的阿瓦王朝，最值得一提的是尸訶須羅王 *(Sihasura)* 的大臣車都朗伽界羅 *(Caturangabala)*，他在西元一三五〇年撰寫一部作品「名義明燈」，以辭典書的方式闡明巴利佛典，從此以後，「名義明燈」成為緬甸僧侶必須背誦的作品，也因此塑造了緬甸佛教作品中論述清晰的風格。

而那羅波提王（*Narapati* 一四四三～一四六九年）的高僧雅利安溫薩（*Anyavamsa*），精通巴利三藏，撰寫了巴利論師阿奴樓陀「攝阿毘達磨義論」的註釋書「摩尼寶篋」，爾後，緬甸大德對於「攝阿毘達磨義論」的各種疏鈔注釋，相繼出版，「攝論」在十九世紀末也成為緬甸佛教步向歐美國際學術界的第一部作品，足見「攝論」對緬甸佛教的影響，至深且鉅。

第五時期：東固王朝（西元一五三一～一七五二年）

東固王朝時期，緬甸佛教的一項特色，便是在西一六七六年發行光漆刊印的巴利佛典，也就是先用漆水塗在紙上，再書上字母，然後塗刷金粉，裝訂成有紋的經書，這種刊行巴利佛典的方式，仍沿用至今。

西元一七〇八年緬甸僧侶之間發生所謂「著衣」的爭論，也就是僧侶外出時應否雙肩披衣，還是要偏袒右肩，形成「全纏派」與「偏袒派」兩大派系，此項爭論長達七十五年之久，最後在西元一七八三年，由新的貢榜王朝確定「全纏派」的主張為正法，規定僧侶外出時，不得偏袒右肩，必須雙肩披衣。

第六時期：貢榜王朝（西元一七五二～一八八五年）

貢榜王朝最大的困擾是英國軍隊數度興兵侵犯領土，西元一八五七年，敏東王 *(Mindon)* 決定放棄下緬甸，遷都至上緬甸的曼德勒，新王宮係按照理想的佛教城市興建，一八七一年，敏東王更招集二仟四佰位比丘，舉行所謂佛教史上的第五次集結，這次集結主要是重新校正律藏，並將律藏經文分別刻在七二九塊大理石上，安放拘他陀塔寺內，現在仍保存完整，堪稱為全世界最大的一本書。

第七時期：英國殖民階段（西元一八八五～一九四八年）

西元一八八五年，英國全面支配緬甸，佛教僧侶的地位，一落千丈，不過，上座部佛教的信仰，早已深入民間，佛教僧侶遂成立「緬甸佛教青年會」，號召全國人民進行反英獨立運動，一九二九年，高僧宇・毗沙羅（*U Visara*）在獄中絕食身亡，為「緬甸佛教青年會」的反英獨立運動樹立了全緬的聲望。

隨著英國佔領緬甸，西元一八八一年由英國佛教徒戴維斯（*Rhys Davids*）創立的「巴利聖典協會」（*PTS*），也開始注意緬甸佛教的巴利傳統，「巴利聖典協會」出版緬甸高僧雷迪大師（*Ledi Sayadaw* 一八六四～一九二三年）的「雙論研究」與「哲學關係」，成為緬甸僧侶在歐美學界佔一席之地的第一人，雷迪大師除了擅長論述之外，也廣泛推廣以觀察「受念住」為入手的直觀法門，影響所及，目前位於仰光的烏巴慶（*U Ba Khin* 一八九九～一九七一年）禪修道場，以及在緬甸出生的印度人葛印卡（*S.N. Geonka* 一九二四～二〇一三年）皆是傳承自雷迪大師直觀法門的在家修行人。

第八時期：民主共和階段（西元一九四八～一九六二年）

西元一九四八年，緬甸正式脫離英國獨立，成立「緬甸聯邦共和國」，以總理烏努（*U Nu*）為主的執政班底，採行具有佛教特色的民主社會主義政策，設立宗教部以及佛教評議會，並積極推動佛教國教化運動。西元一九五四年，更在仰光近郊的世界和平塔舉行所謂佛教史上的第六集結，與會的僧侶來自世界各國，此次集結仍以律藏為主，並重新刊行巴利三藏佛典。

西元一九四九年，烏努總理，迎請修習直觀法門有所成就的馬哈希大師（*Mahasi Sayadaw* 一九〇四～一九八二）在仰光寺內主持「馬哈希禪修道場」，全面推廣以「四念住」為核心的直觀禪修法門並在緬甸全國成立一百個分院，馬哈希大師同時擔任一九五四年第六次集結的詢問者（*Pucckaka*），並仲裁巴利佛典中的爭議文句（*Osana*）。

第九時期：軍政府主政階段（西元一九六二～二〇一一年）

西元一九六二年，尼溫將軍不滿烏奴總理的政策，發動軍事政變，成立「革命評議會」，全面接管政府各機構，並推行激進的蘇聯式共產社會主義，停止佛教國教化運動，廢除佛教評議會以及各項禮遇佛教的措施，佛教的佈教活動受到限制。遲至一九八〇年，召開「全國佛教代表大會」，自此以後，軍政府才准許佛教的各種佈教活動。

西元一九八八年，發生緬甸之春的民主運動，尼溫將軍下台，改由新軍事政府「維持法政秩序委員會」主政，採取半開放的改革路線，佛教僧侶再度受到新軍事政府領導群的敬重，民主共和時代的馬哈希禪修道場，又成為緬甸最著名的禪修道場，而馬哈希大師的弟子班迪達大師（*Sayadaw U Pandita* 西元一九二一～二〇一六）、迦那卡大師（*Sayadaw U Janaka*）、昆達拉大師（*Sayadaw Kundalabhivamsa* 一九二一～二〇一一年）等人，也紛紛自行成立推廣直觀禪修法門的國際道場，積極向緬甸人民與國際人士弘揚四念住的圓滿修行道路。

第十時期：改革開放階段（西元二〇一一年迄今）

西元二〇一一年，登盛將軍當選總統，民主運動領袖翁山蘇姬獲釋，緬甸進入全新改革開放的時代。

國家圖書館出版品預行編目資料

緬甸禪坐：究竟的止觀之道 / 馬哈希等著；U Myint Maung編譯.
-- 2版. -- 臺北市：方廣文化, 2015.11　面；　公分
譯自：The manuals ob buddhism, etc.
ISBN 978-986-7078-70-4(精裝)
1.佛教修持
225.7　　104019794

緬甸禪坐：究竟的止觀之道

作　　者：緬甸 馬哈希大師、班迪達大師、
雷迪大師、韋布大師等
編　　譯：U Myint Maung
出　　版：方廣文化事業有限公司
住　　址：台北市大安區和平東路
電　　話：*886 2 2392-0003*
傳　　真：*886 2 2391-9603*

◎地址變更：2024年已搬遷
通訊地址改爲106-907
台北青田郵局第120號信箱
(方廣文化)

劃撥帳號：*17623463* 方廣文化事業有限公司
電子信箱：*fangoan@ms37.hinet.net*
設　　計：鎏坊工作室
裝　　訂：精益裝訂股份有限公司
經 銷 商：飛鴻國際行銷有限公司
電　　話：*886 2 8218-6688*
傳　　真：*886 2 8218-6458*
出版日期：公元2018年 9月 2版2刷
定　　價：新台幣220元（精裝）
行政院新聞局出版登記證：局版臺業字第六〇九〇號

◎如有缺頁、破損、倒裝請電：(02) 2392-0003
No：SE09　ISBN：978-986-7078-70-4
Printed in Taiwan

方廣文化出版品目錄〈一〉

夢參老和尚系列
書籍類

● 華 嚴

H203 淨行品講述
H224 梵行品新講
H205 華嚴經普賢行願品講述
H206 華嚴經疏論導讀
H255 普賢行願品大意
H208 淺說華嚴大意
HP01 大乘起信論淺述
H209 世主妙嚴品（三冊）【八十華嚴講述 ①②③ 】
H210 如來現相品·普賢三昧品【八十華嚴講述④】
H211 世界成就品·華藏世界品·毘盧遮那品【八十華嚴講述⑤】
H212 如來名號品·四聖諦品·光明覺品【八十華嚴講述⑥】
H213 菩薩問明品【八十華嚴講述⑦】
H214 淨行品【八十華嚴講述⑧】
H215 賢首品【八十華嚴講述⑨】

● 地藏三經

地藏經

D506 地藏菩薩本願經講述（全套三冊）
D516 淺說地藏經大意

占察經

D509 占察善惡業報經講記（附HIPS材質占察輪及修行手冊）
D512 占察善惡業報經新講《增訂版》

大乘大集地藏十輪經 D507（全套六冊）

D507-1 地藏菩薩的止觀法門（序品 第一冊）
D507-2 地藏菩薩的觀呼吸法門（十輪品 第二冊）
D507-3 地藏菩薩的戒律法門（無依行品 第三冊）
D507-4 地藏菩薩的解脫法門（有依行品 第四冊）
D507-5 地藏菩薩的懺悔法門（懺悔品 善業道品 第五冊）
D507-6 地藏菩薩的念佛法門（福田相品 獲益囑累品 第六冊）

方廣文化出版品目錄〈二〉

夢參老和尚系列

書籍類

● 楞嚴

LY01 淺說五十種禪定陰魔—《楞嚴經》五十陰魔章

L345 楞嚴經淺釋 (全套三冊)

● 天台

T305 妙法蓮華經導讀

● 般若

B410 般若波羅蜜多心經講述《合輯本》

B406 金剛經

B409 淺說金剛經大意

● 開示錄

S902 修行 ①

Q905 向佛陀學習【增訂版】②

Q906 禪・簡單啟示【增訂版】③

Q907 正念 ④

Q908 觀照 ⑤

DVD

D-1A 世主妙嚴品《八十華嚴講述》(60講次30片珍藏版)

D-501 大乘大集地藏十輪經 (上下集共73講次37片)

D-101 大方廣佛華嚴經《八十華嚴講述》
(繁體中文字幕 全套482講次 DVD 光碟452片)

CD

P-05 金剛般若波羅蜜經 (16片精緻套裝)

錄音帶

P-02 地藏菩薩本願經 (19卷)

方廣文化出版品目錄〈三〉

地藏系列	D503 地藏三經（經文版） (地藏菩薩本願經、大乘大集地藏十輪經、占察善惡業報經) D511 占察善惡業報經行法 (占察拜懺本) (中摺本)
華嚴系列	H201 華嚴十地經論 H202 十住毘婆沙論 H207 大方廣佛華嚴經 (八十華嚴) (全套八冊)
般若系列	B402 小品般若經 B403A 大乘理趣六波羅蜜多經 B404A 能斷金剛經了義疏 (附心經頌釋) B408 摩訶般若波羅蜜經 (中品般若) (全套三冊)
天台系列	T302 摩訶止觀 T303 無量義經 (中摺本) T304 觀普賢菩薩行法經 (中摺本)
部派論典系列	S901A 阿毘達磨法蘊足論 Q704 阿毗達磨俱舍論 (全套二冊) S903 法句經 (古譯本) (中摺本)
瑜伽唯識系列	U801 瑜伽師地論 (全套四冊) U802A 大乘阿毗達磨集論 B803 成唯識論 B804A 大乘百法明門論解疏 B805 攝大乘論暨隨錄
憨山大師系列	HA01 楞嚴經通議 (全套二冊)

方廣文化出版品目錄〈四〉

密宗系列

M001 菩提道次第略論釋
M002 勝集密教王五次第教授善顯炬論
M003 入中論釋
M004 大乘寶要義論(諸經要集)
M006 菩提道次第略論
M007 寂天菩薩全集
M008 菩提道次第廣論
M010 菩提道次第修法筆記
M011 白度母修法(延壽法門修法講解)
M012 中陰-死亡時刻的解脫
M018 菩提道次第廣論集註(卷一～卷十三)
M019 佛教的本質-《佛教哲學與大手印導引》

能海上師系列

N601 般若波羅蜜多教授現證莊嚴論名句頌解
N602 菩提道次第論科頌講記
N345 戒定慧基本三學
N606 能海上師傳
N607 現證莊嚴論清涼記
N608 菩提道次第心論

論頌系列

L101 四部論頌
(釋量論頌 現證莊嚴論頌 入中論頌 俱舍論頌)
L102 中觀論頌 (中摺本)
L103 入菩薩行論頌 (中摺本)
L104A 彌勒菩薩五部論頌
L105A 龍樹菩薩論頌集
L106 中觀論頌釋
R001 入中論頌 (小摺本)

方廣文化出版品目錄〈五〉

南傳佛教系列

SE01 內觀基礎
SE04 緬甸禪坐
SE05 七種覺悟的因素
SE06 南傳大念處經(中摺本)
SE07 三十七道品導引手冊《阿羅漢的足跡增訂版》
SE08 內觀基礎《從身體中了悟解脫的真相》
SE09 緬甸禪坐《究竟的止觀之道》(增訂版)

其他系列

Q701 單老居士文集
Q702 肇論講義
Q703B 影 塵-倓虛老法師回憶錄
Q705 佛學小辭典(隨身版)
ZA01 參 禪《虛雲老和尚禪七開示》
ZA02 禪淨雙修《虛雲老和尚開示錄》
Z005《禪宗公案》-李潤生著

方廣文化事業有限公司
http://www.fangoan.com.tw